HAZ MÁS ESFORZÁNDOTE MENOS

La cara positiva de la ley del mínimo esfuerzo

Por Karine Desprez

Traducido por Laura Bernal Martín

¿CÓMO HAGO MÁS CON MENOS ESFUERZO?

- **¿Problemática?** ¿Cómo trabajar más rápida y eficazmente para tener más tiempo y energía que dedicar a otros proyectos?
- **¿Utilidad?** Hoy más que nunca, nos falta tiempo. Sin lugar a dudas, aprender a aumentar nuestra productividad haciendo más sin agotarnos es la mejor manera de simplificar nuestra vida y de aumentar nuestro bienestar.
- **¿Contexto profesional?** Gestión del tiempo, gestión de proyectos, organización en el trabajo.
- **¿Preguntas frecuentes?**
  - ¿«La ley del mínimo esfuerzo» es un principio reconocido?
  - ¿Cómo puedo establecer una lista de tareas eficaz y motivadora?
  - ¿Cómo seguir siendo productivo ante los constantes obstáculos con que me encuentro (imprevistos, interrupciones, etc.)?
  - ¿Cómo me concentro en la obtención de resultados?
  - ¿Es recomendable dormir la siesta para mejorar la concentración y la productividad?

    «Siempre elegiré una persona perezosa para hacer un trabajo difícil, pues encontrará una forma sencilla de hacerlo» (Bill Gates, citado en BBC 2014).

En la oficina, los plazos y las responsabilidades implican una presión que no siempre es fácil de aguantar, y que puede perjudicar seriamente nuestro bienestar, instándonos a trabajar cada vez más —una solución equivocada que, a menudo, nos lleva a sufrir problemas de salud vinculados con el estrés—. Existe otra posibilidad mucho más viable: incrementar nuestra energía y productividad para lograr hacer más en menos tiempo.

La idea de trabajar mejor sin trabajar más duro no es nueva. Convertirse en un «perezoso inteligente» significa saber en qué enfocar nuestros esfuerzos, cómo recuperar nuestra energía, cómo crear un trabajo eficaz; es elegir la simplicidad para evitar el agotamiento, cumplir nuestras tareas sin, no obstante, agotarnos profesionalmente.

Conseguir hacer más con menos esfuerzo te ofrece la posibilidad de tener un impacto positivo tanto en tu éxito como en tu bienestar.

EL ABECÉ DEL PEREZOSO INTELIGENTE

Probablemente ya lo sepas: no llegamos lejos —o nos cuesta hacerlo— si carecemos de un sistema de organización que integre los distintos aspectos de nuestra vida (trabajo, hogar, familia, proyectos a largo plazo, etc.). Si aún no tienes uno, has de saber que se trata de la primera etapa concreta hacia una mejor productividad.

¿Ya has oído hablar del Bullet Journal? Este concepto extremadamente simple tanto en su esencia como en su práctica te permite anotar rápidamente todo lo que se te pasa por la cabeza, a la par que desarrollas una visión clara y estructurada en el tiempo de todos tus proyectos, tareas, eventos, etc. Se basa en algunos principios básicos:

- páginas numeradas e indexadas;
- un tema por página;
- un seguimiento tanto cronológico como temático.

Para empezar solo necesitas un cuaderno con páginas numeradas (algo que siempre puedes hacer manualmente) y algo con lo que escribir. Después, basta con integrar las herramientas del método: los símbolos, el índice, la agenda y las colecciones.

Los símbolos

Empieza determinando unos cuantos símbolos básicos y

visuales que te ayudarán a encontrar y seleccionar toda la información que anotes en tu cuaderno. Existen dos tipos: los «símbolos», que sirven para diferenciar entre tareas, eventos y simples notas; y los «significantes», que serán de utilidad a la hora de definir mejor los símbolos —si fuera necesario— añadiendo un segundo símbolo.

Ejemplos de símbolos:

- un simple punto (*bullet* en inglés) para las tareas;
- una «o» para los eventos;
- un guion para las notas.

Ejemplos de significantes:

- un asterisco para las tareas prioritarias;
- un signo de exclamación para las ideas, inspiraciones, citas, etc.;
- un triángulo para las cosas que hay que hacer en casa;
- una «w» para las tareas que hay que hacer en el trabajo (es decir, durante el día, lo que puede incluir asuntos personales como llamar al médico durante la pausa del mediodía);
- etc.

CONSEJOS

Sé simple y práctico: fija un número limitado de símbolos y de significantes para no perderte y hacer que la toma de notas sea rápida. Por otra parte, no dudes en crear una leyenda al principio del cuaderno por si olvidaras lo que quiere decir un símbolo en concreto.

El índice

Deja en blanco las tres o cuatro primeras páginas de tu cuaderno para dedicarlas a un índice, que rellenarás poco a poco y que te permitirá encontrar lo que necesitas entre tus notas. Así, cada vez que crees una nueva entrada en tu cuaderno, podrás indexarla para encontrarla fácilmente más adelante.

Por ejemplo, cuando crees una nueva página con las tareas que tienes que realizar la semana que viene, titulada «Semana del 31/10 al 06/11», ve a la página del índice y escribe en él el título y el número de la página correspondiente.

La agenda: *planning* anual, *planning* mensual y agenda diaria

Después de las páginas que has dejado libres para el índice, divide las cuatro siguientes en tres (a lo ancho) de manera que obtengas doce rectángulos, uno para cada mes del año siguiente; este será tu ***planning*** anual. Gracias a él, podrás anotar no solo los eventos o las citas previstas con mucho tiempo de antemano, sino también cosas que tienes que hacer a largo plazo —y esto sin necesidad de atribuirles una fecha exacta—. Evidentemente, si quieres puedes prever un *planning* suplementario para el año siguiente. No olvides escribir los números de página en tu índice.

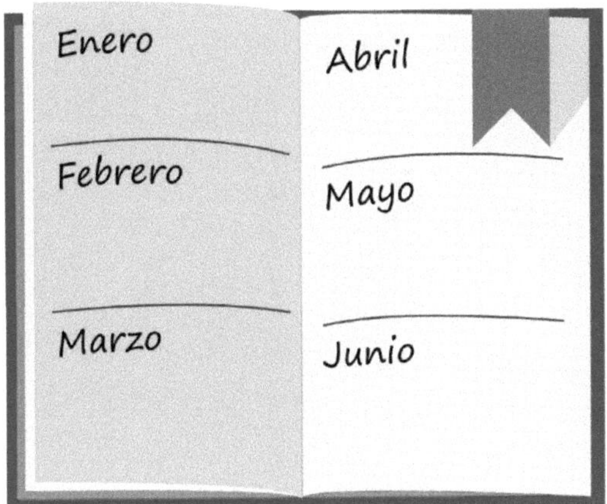

A continuación, realiza tu ***planning*** **mensual**. El método recomienda apuntar los números y los nombres de los días en una columna en la página de la izquierda, para que puedas anotar ahí tus citas y eventos. En la página de la derecha, podrás escribir las tareas que tienes que realizar durante este período.

También puedes decidir trabajar de manera más visual —pero más lenta—, como para el *planning* anual, y trazar un calendario cuadriculado que ocupe dos páginas. En ese caso, no olvides dejar un margen libre para anotar las tareas que tienes que realizar a lo largo del mes. Anota tu *planning* mensual en el índice.

Octubre

L	M	X	J	V	S	D
					1	2
3	4	5	6	7	8	9
10	11	12	13	14	15	16
17	18	19	20	21	22	23
24	25	26	27	28	29	30
31						

Ahora, pasa a la **agenda diaria**. Indica simplemente la fecha y el día en la parte superior de la página y empieza a anotar (empleando los símbolos explicados con anterioridad) eventos, tareas, etc., en el orden en el que se te ocurran. Al final del día, haz una selección: las tareas cumplidas se marcarán con una «x», las tareas reprogramadas para otro día se señalarán con un «>» y se escribirán donde convenga (*planning* anual, mensual, día siguiente...); las tareas obsoletas se tacharán; las reflexiones que no se quiere perder se escribirán en la colección pertinente, etc. Escribe la fecha y el día siguiente y continúa. De nuevo, recuerda indexar las páginas que utilices.

Al final del mes, establece tu *planning* mensual del mes siguiente antes de retomar tu agenda diaria, y así sucesivamente.

Las colecciones

Mientras que la agenda te servirá para gestionar tus citas y tus tareas, las páginas con colecciones te permitirán reunir en un mismo lugar todo lo relativo a un proyecto específico o a un tema que te interese especialmente. ¿Quieres dejar rastro de todos los libros que leerás este año? ¿Organizas un evento y necesitas anotar en algún sitio todas las idas que se te ocurren para convertirlo en un momento inolvidable? ¿Quieres realizar un seguimiento de tus gastos? No sigas buscando: solo tienes que coger tu Bullet Journal y reservar una página a este proyecto, sin olvidarte de indexarla. ¡Ahora también se ha convertido en una herramienta de gestión de proyectos!

El método Bullet Journal no es realmente revolucionario —al fin y al cabo, no hace más que combinar una agenda clásica con un cuaderno de notas—, pero aporta una solución de organización única, simple, eficaz, portátil, barata, adaptable a cualquier situación y que no depende de la electricidad ni de internet. ¿Puede que esto sea lo que llevas toda la vida esperando?

Para saber más, entra en http://bulletjournal.com/ (en inglés).

HACIA LA ECONOMÍA DEL ESFUERZO

Ahora cuentas con un método que te permite reunir y organizar tus tareas, citas y reflexiones en un mismo lugar, independientemente de que sea el Bullet Journal u otro sistema que se ajuste mejor a ti. Y ahora, ¿cómo realizas estas tareas más fácilmente?

Cuando la enseñanza védica nos habla de éxito...

La tradición védica (relacionada con los Veda, los textos que son la base de la espiritualidad hindú) reconoce el principio de la economía del esfuerzo, que afirma que actuar de acuerdo a nuestra naturaleza profunda, con amor, no nos cuesta ninguna energía. Así, somos capaces de hacer mucho más sin arriesgarnos al *burnout.* Ese principio se basa en tres componentes: la aceptación, la responsabilidad y la renuncia.

Comienza por **aceptar** día tras día los acontecimientos tal como se te presentan y a las personas tal como son. Deja de protestar contra esa situación injusta o ese jefe estrecho de miras: todo es como se supone que debe ser, y tienes que actuar en consecuencia, sin perder el tiempo en rebelarte en su contra. Por supuesto, esto no quiere decir que tengas que aprobarlo todo, pero tienes que ser consciente de tus opciones y darte cuenta de que de nada sirve enfadarse a partir del momento en que no tienes ningún control sobre lo que sucede o sobre las personas que te rodean. La realidad es como es, por lo que hay que aceptarla plenamente.

Ante esta realidad, asume la **responsabilidad** de tus sentimientos. El que algunos acontecimientos te frustren o provoquen tu ira no se debe a que estos sean desagradables en sí mismos —simplemente existen, sin valor intrínseco positivo o negativo—, se debe a que tu forma de ver las cosas sigue siendo sesgada; no has aceptado la situación como algo externo a ti. El que desvíes tu atención de la situación hacia tus propios sentimientos te permite encontrar en ellos un bloqueo. Eres tú el que está enfadado, y solo tú tienes la capacidad de cambiarlo: en vez de lanzarte a una agotadora lucha para defenderte o contraatacar, un combate del que no siempre saldrás vencedor, puedes actuar sobre tu forma de ver las cosas para cambiarla —incluso te debes a ti mismo la responsabilidad de hacerlo— de manera que la situación se vuelva a tu favor y puedas extraer una lección.

Lo repetimos una vez más: la idea no es sufrir por culpa de los acontecimientos o de los cambios de humor de los demás —esto no sería una toma de responsabilidad sino una confesión de debilidad—, sino decirte, por ejemplo: «He tomado la elección de estar donde estoy, y acepto a mi jefe tal y como es. Aunque su estrechez de miras me molesta muchísimo, no es más que mi sentimiento y asumo mi responsabilidad. No gastaré mi energía darle vueltas a todos los defectos que le encuentro, sino que intentaré más bien comprender lo que esta complicada relación puede aportarme para avanzar». Y si por un casual te fuera imposible seguir así por culpa de los sentimientos negativos que te inspira, sé consciente de que esta elección depende de ti y pon en marcha acciones coherentes: proponle a tu jefe una reunión para explicarle objetivamente tu punto de vista; preséntale un enfoque totalmente distinto; pide la intervención de un mediador; dimite; etc.

Así cuando seas capaz de aceptar la realidad que se te ofrece y de asumir tus responsabilidades ante la misma y ante tus sentimientos, estarás capacitado para **renunciar**, para seguir la corriente con el fin de nadar mejor. En las situaciones conflictivas, podrás renunciar a hacer valer tu punto de vista a toda costa —al menos cuando esto no sea absolutamente necesario para tu motivación y tu autoestima—. Así, estarás más atento a tus necesidades y a lo que los demás o los acontecimientos pueden enseñarte, sin gastar energía inútil defendiendo tu visión de las cosas.

Esta energía podrá gastarse mejor, por ejemplo, buscando soluciones creativas a los problemas con los que te encuentres. En efecto, reflexionando de esta forma es probable que descubras caminos paralelos, más fáciles de recorrer ante eso que te parecía un obstáculo. ¡Tanto mejor! Resulta inútil y contraproducente buscar la complicación. Tienes la responsabilidad de aprovechar lo que te resulta fácil y natural —y lo que a ti te resulta sencillo no tiene por qué serlo para otra persona— para desarrollar tus talentos. Solo dejándote llevar podrás actuar con espontaneidad, de acuerdo con tu personalidad, y sentirte realizado prácticamente sin esfuerzo. Te sentirás mejor haciendo aquello que te resulta fácil.

Esto no quiere decir, por supuesto, que no tendrás que trabajar para obtener lo que quieres, sino que deberás seguir el camino que te parezca más simple, más natural, para tener más energía disponible, más motivación y más creatividad a la hora de superar las preocupaciones diarias, que, por lo tanto, deberían solucionarse con mayor celeridad.

Sé consciente de que habrá ciertas tareas inevitables que te seguirá costando realizar, aunque pongas en ellas toda la creatividad, la energía y la motivación del mundo. Para ayudarte a lograrlas, existen muchos conceptos que resulta útil conocer y que te permitirán ser más eficaz y, como consecuencia, ahorrar mucho esfuerzo superfluo.

Crear hábitos

Una vez hayas asimilado que todo lo que es natural es fácil, lo siguiente que tienes que comprender bien en la búsqueda de la economía del esfuerzo es que todo lo que es habitual precisa de una menor energía. Ser consciente de esto puede llevarte a dos conclusiones sumamente beneficiosas.

- Puedes realizar determinadas tareas repetitivas más rápidamente si las transformas en costumbres. Para ello, lo único que tienes que hacer es realizarlas siempre en el mismo momento y en el mismo lugar. Por ejemplo, adopta la costumbre de consultar tus correos electrónicos cuatro veces al día y en momentos estratégicos, como justo después de la pausa para el café por la mañana, justo antes y después de la pausa para comer y al final de la tarde. Si tiendes a recibir regularmente correos electrónicos con contenido similar, prepara un documento con respuestas semiautomáticas listas para copiar y pegar. Dedica todos los días los últimos diez minutos en la oficina a limpiar tu mesa y organizar tus papeles, etc.
- Puedes avanzar con más regularidad con tus proyectos importantes poniendo en marcha una rutina matinal o vespertina —dependiendo de cuándo estés más concentrado— exclusivamente dedicada a estos proyectos. La idea consiste en crear poco a poco un verdadero ritual en un momento del día (la mañana sigue siendo el momento más productivo para la mayoría de la gente) acumulando pequeños gestos que con el paso del tiempo se volverán

automáticos. ¿Cómo hacerlo? Dependiendo del objetivo que quieras alcanzar, imagina una pequeña acción que podría tener un impacto en tus resultados si la repitieras todos los días. Por ejemplo, si deseas aumentar tus competencias en francés o en inglés, toma la decisión de dedicar sistemáticamente el primer cuarto de hora de tu jornada laboral a ver un vídeo corto en la lengua meta y a estudiar el vocabulario. Cuando hayas integrado esta rutina (¡deja que pasen varias semanas!), decide que tu clase termine a partir de ahora con un café sin leche y sin azúcar. A continuación, que la siguiente media hora se consagrará a adelantar una tarea importante relacionada con un proyecto a largo plazo, etc.

¿SABÍAS QUE...?

En una jornada de trabajo:

- la mayor parte del tiempo (60 %) se dedica al lado proactivo de tu oficio (trabajo sobre los proyectos en curso u otras actividades que se vayan a desarrollar en el seno de tu empresa);
- un 25 % de tu *planning* está ocupado con la organización de reuniones, la recepción de llamadas o el procesamiento de archivos;
- el 15 % restante se emplea para las tareas rutinarias.

Y así, poco a poco y sin un especial esfuerzo por tu parte, estos pesados archivos que llevaban tiempo sobre tu mesa sin que encontraras el momento o las fuerzas para tratarlos antes del último minuto encontrarán por fin el lugar que se merecen en tu agenda. Por una parte, aligerarás tu *planning* al automatizar algunas tareas repetitivas, mientras que por otra verás cómo avanzas día tras día en los proyectos importantes prácticamente sin darte cuenta.

Definir nuestras prioridades según el principio de Pareto

Otra teoría bien conocida y que puede ahorrarte una gran cantidad de trabajo inútil —o poco útil— es el principio de Pareto, que nos enseña a contar con la ratio 80/20 en la mayoría de aspectos de nuestra vida. Afirma que el 80 % de los efectos son el resultado del 20 % de las causas, lo que significa que, por ejemplo, el 20 % de los clientes aportan el 80 % del volumen de negocios, o que el 20 % de tu trabajo produce el 80 % del resultado. Concretamente, te basta con concentrar tus esfuerzos en ese 20 % de tareas importantes, las que están en relación directa con tu objetivo, y maximizarás tu éxito.

Emplea la matriz de Eisenhower para ser capaz de distinguir entre importante y urgente y detectar así estas tareas prioritarias.

La matriz de Eisenhower

Como habrás entendido ya, las tareas que tienes que integrar en tu rutina matinal son las importantes y no las urgentes. Las tareas urgentes, independientemente de que sean importantes o no, te mantendrán ocupado durante el resto del día, mientras que las tareas del último cuadrante, las que no son ni importantes ni urgentes, pueden suprimirse.

Estructurar nuestro trabajo y nuestro tiempo con la técnica Pomodoro

La gestión del tiempo es un proceso de organización y de

planificación que consiste en dividir nuestro tiempo entre diversas actividades específicas. Una buena gestión del tiempo te permite avanzar con inteligencia y hacer más en menos tiempo, incluso si este apremia y hay mucha presión. Al contrario, una gestión del tiempo aproximativa puede perjudicar gravemente tu eficacia en el trabajo y generar estrés.

Asimismo, cuando hayas determinado cuáles eran tus tareas prioritarias, otra clave de la productividad que no requiere grandes inversiones consiste en segmentar correctamente tu jornada, al tiempo que evitas el trabajo multitarea y las perturbaciones. En efecto, tratar de avanzar en varias tareas al mismo momento suele hacerte perder tiempo y no ganarlo. A base de intentar concentrarnos en varias cosas a la vez, perdemos el hilo en todos los frentes.

Por lo tanto, para mantener a tu mente fija en una sola tarea, te sugerimos la técnica Pomodoro, creada en los años ochenta por el italiano Francesco Cirillo y que propone utilizar un minutero para fraccionar nuestro tiempo en períodos de 25 minutos, llamados «pomodoros», dedicando cada período a una tarea definida de antemano —no hay que olvidar que una de estas tareas puede ser el tratamiento de tus correos electrónicos—.

Cuando hayan pasado los 25 minutos, toma una pausa de 5. Después de cuatro pomodoros, haz un descanso de 15-20 minutos. Durante estos intervalos, dedícate un buen momento de libertad durante el que desconectar: puedes salir a dar una vuelta, tomarte un café o avanzar en tu crucigrama. Las pausas frecuentes mantienen tu motivación y tu concentración, además de evitar el cansancio mental.

¿POR QUÉ 25 MINUTOS?

Los períodos de 25 minutos recomendados por el

método no son fruto del azar. Esta duración se basa en la capacidad de atención del cerebro humano, que es lo suficientemente corta como para favorecer la concentración y la motivación, y lo suficientemente larga como para darnos tiempo para tratar una tarea del principio al fin.

Si pasado un tiempo piensas en algo que no tiene nada que ver con la tarea que te ocupa, anótalo en algún sitio y vuelve a concentrarte inmediatamente en la tarea en curso. En la medida de lo posible, haz lo mismo con el resto de interrupciones (peticiones de compañeros, llamadas telefónicas, etc.): escribe la petición en tu lista de tareas y trátala durante tu siguiente pomodoro o más adelante, dependiendo de las prioridades. Si no puedes esquivar la interrupción y esta dura más de un minuto, empieza un nuevo pomodoro.

Por supuesto, no todas las tareas requieren la misma inversión de tiempo. Por eso, el método no excluye el hecho de que completes varios pomodoros haciendo la misma tarea, aunque se recomiende dividir cada una de ellas de manera que no supere seis períodos. Una vez superados, la técnica pierde todo su interés, que no es otro que conseguir que te mantengas motivado y concentrado.

Asimismo, procura no prever en un pomodoro una actividad demasiado corta. En vez de eso, planifica un pomodoro dedicado a un conjunto de tareas breves que, sumadas, ocuparán los 25 minutos.

La puesta en marcha de esta técnica requiere de una

disciplina bastante marcada, además de una organización minuciosa de tus jornadas, integrando tu agenda y tus prioridades. Evidentemente, no te olvides de dejar un margen para los imprevistos, puesto que siempre hay.

¿QUÉ BENEFICIOS OBTENDRÁS?

- Una mayor concentración.
- Un ahorro de tiempo significativo debido al motivador ritmo que el método permite mantener.
- Una idea precisa del tiempo que has tardado en realizar cada tarea, algo que siempre resulta útil a la hora de justificar tu horario.
- Una mejor estimación futura del tiempo necesario para cada tarea.

SABER CONTROLAR EL ESTRÉS

La vida profesional se convierte en una fuente de estrés desde el momento en que implica responsabilidades, plazos que respetar, equipos que gestionar, etc. El estrés no siempre es un mal: en una cierta zona de confort, te mantiene alerta, te ayuda a seguir concentrado, enérgico y competente. Por desgracia, hoy en día el mundo del trabajo nos lleva a menudo a sufrir altibajos emocionales debido a situaciones que se han convertido en el pan de cada día, como el aumento de la carga de trabajo, la reducción de los plazos, las horas extra o los despidos. Todo esto te preocupa y te produce dudas en lo que se refiere a la forma de gestionar correctamente el peso de tus responsabilidades. Te sientes desbordado, te vuelves irritable o te muestras apático. Sin embargo, este tipo de estrés tiene un impacto negativo en tu motivación y en tus capacidades de reflexión. Por tanto, para trabajar con más eficacia, tienes que protegerte de esta epidemia en la medida en que esto sea posible.

Puedes evitarte mucho estrés si simplemente aprendes a expresarte mejor para facilitar y mejorar tus relaciones con la dirección y con tus compañeros. Te presentamos a continuación algunos enfoques antiestrés:

- intenta actuar positivamente en todos los aspectos de tu vida. Puede ser tan simple como encontrar una nota de humor en una situación difícil. Si, por ejemplo, estás verdaderamente agotado porque tienes mucho trabajo, enfrentarte a ello positivamente consiste en dividir el proyecto en distintos elementos fáciles de gestionar;
- cuando te sientes agredido por las palabras de un compañero o de tu superior, no reacciones demasiado rápido. Desconfía de ti mismo si sientes ganas de luchar o de huir: se trata de reacciones impulsivas y negativas que tendrás que dominar. Inspira profundamente, anota aquello que se te reprocha y, si es posible, pide un tiempo de reflexión para pensar con la cabeza fría. Esto no solo te ayudará a tranquilizarte y a responder como un adulto, sino que, sobre todo, te impedirá decir algo de lo que te puedas arrepentir;
- si vives un conflicto estructural con un compañero de trabajo, piensa en aquello que está en tus manos resolver. Esencialmente, la clave está en adoptar un enfoque de resolución de los conflictos: escucha primero al otro,

y después pronúnciate tú. Sé imparcial y negocia una solución que os beneficie a los dos. Cuando el conflicto se resuelve eficazmente, los miembros del equipo pueden desarrollar un respeto mutuo más fuerte y una fe renovada en su capacidad de trabajar juntos;

• ante una situación problemática a la que no le ves salida, no entres en pánico e intenta buscar nuevas opciones. Para ello, enumeramos a continuación tres reglas que te permitirán transformar tu estrés en energía positiva: acepta lo inamovible, modifica lo que se pueda (es decir, todo lo que depende de ti, como tus reacciones habituales ante lo que otros dicen o hacen) y transforma tu forma de pensar (aborda las situaciones estresantes desde una perspectiva positiva). Para ayudarte a conseguirlo, plantéate estas tres preguntas: ¿Qué ha funcionado en el pasado en una situación similar? ¿Qué haría alguien a quien admiro en esta situación? ¿Qué haría una persona objetiva, externa al problema, en esta situación? También puede resultar útil buscar apoyo en tu lugar de trabajo (un superior jerárquico, un responsable de recursos humanos, delegados sindicales, guías de ayuda al trabajador, etc.). No temas hablar de tu estrés con tu superior o con tus colegas: no es un síntoma de debilidad. Si el bienestar es una fuente de movilización en tu empresa, tus compañeros se tomarán muy en serio el problema.

Desarrollar una actitud positiva en el trabajo contribuirá a tu bienestar psicológico y te ayudará a gestionar mejor las situaciones estresantes. Esta actitud optimista, que lucha contra los efectos negativos del estrés, reforzará incluso tu sistema inmunitario.

LOS MEJORES CONSEJOS

EL ARTE DE HACER EL DOBLE DE TRABAJO EN LA MITAD DE TIEMPO

- Concentra tu energía y, al mismo tiempo que realizas las tareas importantes que te incumben, haz lo que tengas ganas de hacer. No limites tu potencial persiguiendo solamente los objetivos fijados. Atrévete al desafío, esto aumentará tu energía y tu inspiración para alcanzar tu meta.
- Aplica el principio de Pareto para ser eficaz. El principio 80/20 (80 % de los resultados proceden de solo el 20 % de tu esfuerzo de trabajo) elimina las pérdidas de tiempo y te permite concentrar tus fuerzas en tus prioridades.
- Elimina toda actividad improductiva y que te quita tiempo inútilmente con ayuda de la matriz de Eisenhower. Sé honesto contigo mismo: ¿cuáles son tus actividades «muleta»? Intenta suprimirlas definitivamente, o al menos dejarlas para una franja horaria reducida.
- Fíjate en tus competencias y no en tus debilidades. Da más resultados jugar sobre tus puntos fuertes. Dicho esto, no descuides tus ganas de trabajar ciertos puntos de mejora para adquirir nuevos talentos: ya no se trata de tiempo perdido, sino de inversión. En ese caso, apóyate en tu motivación.
- Trabaja en proyectos a largo plazo o en tareas complejas cuando te sientas más eficaz. Por ejemplo, el momento de realizar las tareas que no requieren de una gran reflexión es aquel en el que estás cansado o desconcentrado por la digestión.

- Deja de hacer varias cosas al mismo tiempo. Si sabes definir correctamente tus prioridades y dividir tu tiempo, no tendrás ninguna necesidad de querer realizar varias cosas a la vez. Esta forma de trabajar perjudica generalmente la concentración y favorece la procrastinación.

- Practica el arte de no acabar. Sí, ¡has leído bien! Empezar una tarea no justifica automáticamente acabarla ese mismo día. Imagínate que te encuentras con una dificultad y que te quedas bloqueado todo el día en el problema: ¡menuda pérdida de tiempo! Atención, porque esto no significa que tengas que dejar sistemáticamente las tareas complejas para el día siguiente. Fíjate simplemente un tiempo limitado para trabajar la tarea en cuestión (por ejemplo, cinco pomodoros), y después pasa a otra cosa, incluso si no has terminado. Desarrolla esta costumbre para evitar el aburrimiento o la improductividad. Así, repondrás fuerzas y podrás volver a trabajar sobre el problema más tarde con la mente renovada.

- Ordena tu espacio de trabajo. Un escritorio en el que todo está desordenado tiene unas consecuencias para tu bienestar psicológico y para tu rendimiento que no hay que pasar por alto. Debes organizar y optimizar tu lugar de trabajo de la mejor manera posible.

- El sueño desempeña un papel vital en tu salud, tanto mental como física. Una falta de sueño puede afectar a tu trabajo. Por lo tanto, haz todo lo que puedas para dormir durante el tiempo suficiente (idealmente ocho horas) y disfrutar de un sueño de calidad: acuéstate pronto, elige un buen somier, un buen colchón, coloca cortinas opacas en las ventanas, utiliza tapones si es necesario, etc. En la oficina y siempre que sea posible, haz una breve siesta después de la comida. En generar, es el mejor momento para una cabezada breve y energética, que te permitirá ganar concentración, vigilancia, memoria y resistencia y que reducirá tu estrés.

PREGUNTAS FRECUENTES

¿«LA LEY DEL MÍNIMO ESFUERZO» ES UN PRINCIPIO RECONOCIDO?

Sí y no. Este principio ha sido objeto de varios estudios psicológicos, pero no siempre con el *a priori* positivo que le atribuimos en este libro: generalmente, designa nuestra tendencia a privilegiar lo que nos gusta en relación con lo que nos desagrada, aquello a lo que estamos acostumbrados en comparación con lo que se sale de nuestra zona de confort. Nos lleva a atrasar las tareas que no nos placen y a contentarnos con lo mínimo para no tener que hacer más. Y efectivamente, así visto, la ley del mínimo esfuerzo no lleva a nadie a la autorrealización.

Sin embargo, es posible emplearla para convertirla en una fuerza motora. Se trata de un principio reconocido especialmente por el hinduismo. Si entendemos que actuamos con mejor disposición en un sentido que nos resulta fácil y agradable, «basta» con adoptar nuevas actitudes, conseguir que la mayor parte de las cosas nos resulten agradables o, al menos, útiles para nuestro desarrollo. La ley del mínimo esfuerzo, por tanto, quiere que no opongamos resistencia a lo que se nos pide, sino que lo aceptemos asumiendo nuestras responsabilidades. Con esta filosofía, se necesitará menos energía para cumplir nuestras tareas.

También es una forma de dejar de creer que un «trabajo arduo siempre tiene su recompensa»; lo que se recompensa son, generalmente, los resultados. Y si puedes obtener buenos resultados gastando menos energía, ¡tanto mejor! Al hacerlo, conseguirás hacer más con menos esfuerzo y sentir una verdadera satisfacción personal, motivación y autoconfianza. Aplicar adecuadamente la ley del mínimo esfuerzo es trabajar en un estado harmonioso que permite evitar el *burnout* y el estrés.

¿CÓMO PUEDO ESTABLECER UNA LISTA DE TAREAS EFICAZ Y MOTIVADORA?

Para que una lista de tareas pendientes (también conocida como *to do list*) sea eficaz y te anime a realizar las tareas que contiene, debe respetar una serie de características:

* **debe ser visual** —emplea un código de colores o símbolos para diferenciar las tareas entre sí y para que las tareas importantes o una determinada categoría de tareas resalte (por ejemplo, emplea los símbolos recomendados por el método Bullet Journal, como el asterisco que se coloca delante de las tareas prioritarias);
* **debe ser atractiva**, sin por ello dejar de ser simple y de rápida comprensión —si empleas una simple lista de papel, procura que no se convierta en una hoja en sucio llena de tachones o con colores a diestro y siniestro. Si prefieres emplear una aplicación, elígela por su ergonomía y su interfaz gráfica, que debe resultarte atractiva, y no por los miles de posibilidades que te ofrece y que probablemente nunca usarás;
* **debe impeler a la acción** —utiliza verbos de acción para abrir cada frase (como «Llamar al señor Dupont» o «Redactar un artículo para el blog»);

- **debe contener tareas definidas con precisión**, como «Definir tres propuestas de diseño para la página de inicio del sitio web» en lugar de «Trabajar en el proyecto de revisión del sitio web»).

Un buen método consiste en trabajar con dos listas: una para las tareas que hay que realizar hoy y otra para todas las tareas que hay que hacer, sin distinción. Esta última será tu «reserva de tareas», en la que rebuscarás cuáles hay que realizar cada día, según su grado de urgencia y de importancia. Las tareas que tienen una fecha o una planificación especial pueden escribirse directamente en la agenda.

¿CÓMO SEGUIR SIENDO PRODUCTIVO ANTE LOS CONSTANTES OBSTÁCULOS CON QUE ME ENCUENTRO (IMPREVISTOS, INTERRUPCIONES, ETC.)?

No podemos preverlo todo, por lo que los imprevistos siempre acaban interrumpiendo tu bien dispuesta planificación. Para evitar que se produzca un grave desbarajuste cuando esto ocurra, anticípate a este tipo de situaciones aligerando tu *planning* de la jornada dejando períodos en blanco que, de no servir para arreglar un imprevisto, siempre serán agradables para adelantar tareas del día siguiente o para estar un poco al tanto de tu sector de actividad, por ejemplo.

Sin embargo, las interrupciones múltiples que perturban tu concentración son los mayores obstáculos que te impiden hacer tu trabajo de la mejor manera posible. Por desgracia, no siempre se pueden evitar —incluso en muchos casos constituyen una gran parte de la jornada laboral—, especialmente si trabajas en una oficina abierta o si una de tus tareas consiste en estar disponible para responder al teléfono.

Limitarlas aplicando algunas reglas simples te permitirá reservarte un mínimo de períodos de trabajo tranquilos. Así, estarás capacitado para trabajar más rápidamente y producir un resultado de mejor calidad.

- En la medida de lo posible, coge el teléfono solo durante un período de tiempo definido. Por ejemplo, podrías añadir al lado del número de teléfono de la empresa, en la firma de tu correo electrónico y en tu sitio web: «Disponible únicamente entre las 11 h y las 15 h», lo que te reserva algunas horas productivas al principio y al final de tu jornada laboral.
- Cuando trabajes en el ordenador, cierra tu correo electrónico y todos los programas que no utilices para la tarea que estás realizando.
- Reconoce tus propias necesidades y límites. Ante una petición externa que no se ajuste a lo que estás haciendo, responde si es posible que te ocuparás más tarde de ello, en tal momento, o recházala educadamente si no responde a tus funciones ni a tus objetivos.
- Si dispones de una sala personal, cierra la puerta cuando no quieras que te molesten. En una sala de trabajo común, ponte auriculares para dar a entender que necesitas concentrarte.

Los medios que puedas poner en marcha dependerán de las condiciones del empleo que ejerzas, pero el principio sigue siendo el mismo: haz todo lo que esté en tu mano para seguir siendo el dueño de tu tiempo.

¿CÓMO ME CONCENTRO EN LA OBTENCIÓN DE RESULTADOS?

Para ser más productivo sin trabajar más duro, la clave es seguir concentrado en obtener resultados y no perderse en las pequeñas tareas del día a día que cuentan con poco valor añadido. Pero, ¿cómo recordar todo esto cuando el día pasa rápido y los imprevistos y las peticiones externas se acumulan?

La matriz de Eisenhower ha sido concebida para ayudarte. Esta tabla, que permite distinguir las tareas prioritarias de las urgentes y de las inútiles, no es una herramienta de usar y tirar. Tenla siempre a mano —igual que tu o tus objetivos escritos— e incluye en ella todas las tareas que tengas que hacer, para mantener las ideas claras y saber cuáles te hacen avanzar hacia tu objetivo y cuáles te frenan.

Si ocurre una crisis importante, revisa por completo tus prioridades y programa para otro día todas las tareas que puedas.

¿ES RECOMENDABLE DORMIR LA SIESTA PARA MEJORAR LA CONCENTRACIÓN Y LA PRODUCTIVIDAD?

¡Sí! Veinte minutos de siesta, idealmente después de comer, están muy recomendados para recargar tu organismo de energía y despejar tu mente. Por desgracia, esta práctica no está todavía institucionalizada y sin duda tu mayor desafío será convencer a tu empleador del fundamento de tu petición, porque, para empezar, si tu empresa no dispone de una sala de descanso prevista para ello, tendrá que darte permiso para que puedas determinar un momento en el que no se te pueda molestar bajo ningún pretexto, ya sea en tu propio despacho, si cuentas con uno, o en una sala de conferencias.

¡AHORA ES TU TURNO!

CUANDO PRODUCTIVIDAD RIMA CON BIENESTAR

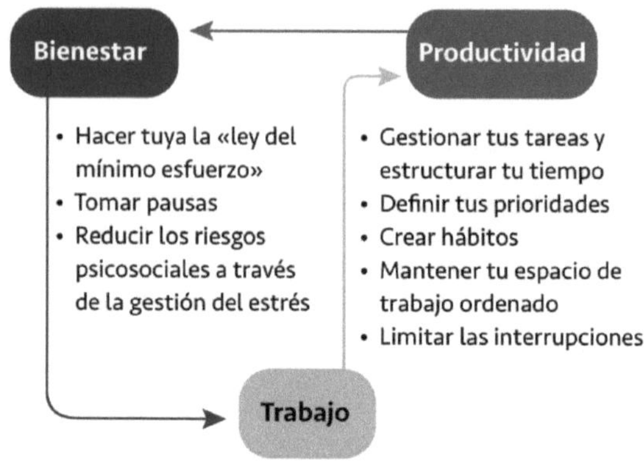

¡Tu opinión nos interesa!
¡Deja un comentario en la página web de tu librería en línea,
y comparte tus favoritos en las redes sociales!

PARA IR MÁS ALLÁ

FUENTES BIBLIOGRÁFICAS

- Bullet Journal. Consultado el 22 de junio de 2017. http://bulletjournal.com/
- Chopra, Deepak. s. f. "Les 7 lois spirituelles du succès". *Méditation France*. Consultado el 22 de junio de 2017. http://www.meditationfrance.com/meditation/chopra/
- Goleman, Daniel. 2014. *L'intelligence émotionnelle*. París: J'ai lu.
- Légeron, Patrick. 2015. *Le stress au travail. Un enjeu de santé*. París: Odile Jacob.
- Pigeot, Charles-André y Romain Pigeot. 2016. *Le guide du bien-être au travail*. 2.ª ed. París: Eyrolles.

FUENTES COMPLEMENTARIAS

- BBC. 2014. "Los mejores empleos para gente inteligente, pero perezosa". *BBC*. 31 de mayo. Consultado el 21 de junio de 2017. http://www.bbc.com/mundo/noticias/2014/05/140527_vert_cap_empleo_para_perezosos_finde_dv
- Noteberg, Staffan. 2010. *Pomodoro Technique Illustrated*. Raleigh: The Pragmatic Bookshelf.

DOCUMENTALES

- *Article 23*. Dirigido por Jean-Pierre Delépine, con Thanh Ingle-Lai, Nicolas Buchoux y Alix Bénézech. Francia: Art Cinefeel, 2012.

- *Le bonheur au travail*. Dirigido por Martin Meissonnier. Francia: Productions Campagne Première, 2014.
- *Malades du travail – Le syndrome d'épuisement professionnel*. Dirigido por Manfred Baur y Hannes Schuler. Francia: Arte, 2011.
- *Quand une entreprise chouchoute ses salariés*. Francia: M6 Capital, 2013.

¡APRENDER NUNCA ANTES FUE TAN RÁPIDO!

www.en50minutos.es